Sudoku
Easy

D0897280

INHALE

Breathe

EXHALE

Vol. 1

This book contains wider margins and only one puzzle per side. This means you can rip or cut the pages to make individual puzzles.

Instructions

8		7		2	9			
1					3			
6			8	7		1	4	
				4	6	5	3	
9	2	5			8			
4			5	8			9	1
2			4	6			3	8
	1				7	9	2	
	6	8						

8	4	7	1	2	9	3	6	5
1	5	2	6	4	3	7	8	9
6	9	3	8	7	5	1	4	2
7	8	1	2	9	4	6	5	3
9	2	5	3	1	6	8	7	4
4	3	6	7	5	8	2	9	1
2	7	9	4	6	1	5	3	8
3	1	4	5	8	7	9	2	6
5	6	8	9	3	2	4	1	7

Object: Fill in the empty cells without repeating the same number in any row, column or block.

Every cell has only one correct answer.

Solving Techniques:
1. Look for squares with only one possible solution.
2. Write candidate numbers in the square as you work through the puzzle.
3. Don't guess. It is hard to undo damage if you get a number wrong.

Solutions - page 105

.

Puzzle #1

EASY

8		7		2	9			
1					3			
6			8	7		1	4	
					4	6	5	3
9	2	5				8		
4				5	8		9	1
2			4	6			3	8
	1				7	9	2	
	6	8						

Puzzle #2

EASY

			8	9	3			
					2			
	9		6			4	7	8
	5	8					3	6
						2	1	4
		1	9	3			8	
	1			6	9		5	3
3	8	6			1	7		
	4	9	3	7	8	1	6	2

Puzzle #3

EASY

7	4	5	3					
	6	9					4	8
8	3	1	2					
1		3	5	9			2	4
			7		1	9		
				6				
9		2	6		3	4	5	7
				5		8	6	
3			8		7	1	9	

Puzzle #4

EASY

	1				5			
	2	6			3	1		5
		5		8		7		9
		3	7				1	4
	8	7				9		
5			1	2				8
	7	2		4				
6	5	1	8				9	
3	4		6	1	2	8		

Puzzle #5

EASY

3	2				6	4	5	
	8		7		5			
4		5	2	1	3			8
			5		9		8	6
		8	6	2	7		4	3
5						9	7	
9	3			7		8	6	
			9			7		
		7				2	1	

Puzzle #6

EASY

8		7						
	5	3	2		6	8	7	4
	1		7			5		
1	4		6		3	9		
		6				1		
	9	5	8	4		7		
5	6	9	4			2		1
	7		9		8		3	5
			1			4		

Puzzle #7

EASY

		1		2	8		3	
8	3		9		6			
		9			4			
			2	4	5	6		
		7		9	1			3
		6		8	3	2	9	
7	1							6
9	2			6	7		1	8
	6		1	5	2			4

Puzzle #8

EASY

5	3	1		6	7		4	
	7	2		3				
	4			2				
9	5				3	1	7	
	2					5	4	
7	1		8		5			
		3	6		2			
4	8		7	1	9			6
	6			5	4	8		

Puzzle #9

EASY

	6		9		5			
				2	7			6
1		2					5	
8	1				2		7	
5	7		8	4	3		2	
		9			1			
2			1	6	4	7		8
6			7				4	2
7	8		2			6	3	1

Puzzle #10

EASY

		8		9		5		
5		6	2		8	3	9	4
2	9		7			1		
	2					6		
						4	8	7
8		1	5			9		3
		3			2	8		5
			9		3	7		6
			1		4			9

Puzzle #11

EASY

	3	6		2				
5				8	6			9
8	9				3	4		
				7			9	
	8		3	5		6		
3	7	4		9	8			2
9		8			1	7	4	
7			2	6		3	5	
		3	8	7				

Puzzle #12

EASY

6				4			2	3
	7	1	9	2			6	4
2			1	5	6			
	2		8	3				
		4			7	8		
7	9					3	4	
5	3	6	4		2	9	1	7
			5			4		
4								

Puzzle #13

EASY

1	9	5				4		
		3		5				6
6	7	8		3		5		1
7				4			1	9
		4				6		2
	3	1	7					
8			3			1		7
2				8		9		3
3			5		7		8	

Puzzle #14

EASY

9	7	8	6		3		4	
5			4			3	9	
			5			2		7
8	1	4		3				
2	6		7					
7		5	2	8				9
3	9						5	1
		2		4			8	3
4		1			7			6

Puzzle #15

EASY

	9		2		4		8	5
	5					4		3
6		1	3	5	8		9	
		9	1	2		8	3	
				6	9	5	7	
		8				9		1
2	3	5	6	8				
	8		9					
	7	6			5			8

Puzzle #16

EASY

			8			2		9
5		1	3	2				
	6	9	1	7		5	8	
6			7			9	5	
			6	9		7	2	
	9				8			6
	1	5			6	4		
		4	5					
	7			1	2	3	9	

Puzzle #17

EASY

			2	4		9		3
				9	5			
9	7					5	4	1
	9		5	2				6
	1	4	6				9	
	6	5			3			
		9	8			6	7	
	2		7		9			8
5		7	4			3	1	9

Puzzle #18

EASY

		6					1	
5			1				6	4
	4		2	7		9		
9			4		1	3		
	6		8				4	
	1	7	6			5	8	2
			3	6	2	4		
	5		7	1		8		3
3	2				4			

Puzzle #19

EASY

7	2	5		6	4	1		3
				3		7		
	6			5	7			4
			4	2		9		
9							3	2
2	8	4						5
8		2		1				
6		9	2		5			1
1		3	6	8		2		7

Puzzle #20

EASY

		3		5				
5		9	1	7	4	2		
	6	2				4	5	7
			4				1	
			5	3			4	
4		1			9	3	2	6
3				2	7	6	8	
		6	8	1	5	9		4
				4		1	7	

Puzzle #21

EASY

	7		9		2			
						6		7
	3	4	7			8	1	9
	6		5		8	1		
	1		4	3				8
			1	6	9			3
7	9	5					4	
	8	1		9			5	2
	2	3			5			

Puzzle #22

EASY

	7	5			4		3	
	2		3			8		1
	9			2			7	
		3	4	6	7	9	1	
	1		2			5		4
				5	1	7	2	
	3			1	8			7
		7	6	3				9
		6				3		

Puzzle #23

EASY

9			1	2	8		4		6
8				4		7			9
2	6				9				7
	8	6	7	5		1			
1	5	2							
4		7		3		5	6	2	
		8		1					
	4						2		
	1	9			5	3	4		

Puzzle #24

EASY

					6		8	
		7	5	8	2	1		
8	2	3	1			4	6	
3		2		6	8			
				1			6	4
9	6		3		7		8	2
5				7		1	9	
1	7	9						
		6	9					

Puzzle #25

EASY

		5			7		3	6
1			4		8			
	9	6		5	2	7		
7		9	6					4
3					4			7
8		1	5			6	2	
9					1	3	6	5
		4			5			
5	7		9		6	1		

Puzzle #26

EASY

5	1				6			3
			5		4			1
	8	6				7		
	2	5						4
3		8			1	6	2	
4			3			5	9	8
	4			2		8		
				4	9	1	7	2
2		7			8		5	

Puzzle #27

EASY

	6			7				
9	4	7		3				
	2	8	4		6		5	
4		2	3				9	
	9		6			7		
			9	8	7	2		5
	1		7	5	4	8		6
		4			3	5		
7		6		2			1	

Puzzle #28

EASY

	6				1		7	
		3			2			
					4		8	
	1	7					2	8
		5	2	9				
6		9	8				3	5
	3		1				4	2
	8	4	3				9	7
7	9	2	5	4	8	3		1

Puzzle #29

EASY

	8	6			9		4	
			4	6	3	8		
3	5		7					
					2	1		
	1	9	6				4	3
7	2		5	1	4			
4		2			1		8	9
		5		4	6	3	7	
	3	7		9				4

Puzzle #30

EASY

		9	3	6		2	5	7
8		6					4	1
2	7		1	9	4			3
			4					
4	9	1	7		6			8
	6	7					9	
							6	
				5		8	2	
	5	2	8	4	3	1	7	

Puzzle #31

EASY

		7	5		1			
		4			8		2	9
			4		3		8	
			2					
		2		8			5	6
			7	3	4		1	
2			9	5			7	3
8		9	3	1		5		2
5	7		8			6	9	1

Puzzle #32
EASY

		9		7	3		5	
	7		4	6				
4				2	8	1	9	
	9		3	5				
3			7		1	9	4	
	8				4	3	2	
5			9	1				3
		6				4	7	
9		8	2	4			6	

Puzzle #33

EASY

	6			2				4
4	1	7			8			
		8	7	4		9		
6		9		8				7
3	7	2		9			5	6
	5		6	3				2
	2	3	8		4			
	9	4				3	7	
				1	9			

Puzzle #34

EASY

9	4						2	6
2		1	6	4	9		3	
8	3			7				
3	6			1	4			7
	9	2			7		1	
		8		2	3	4		
5	7	3	2					
1							7	
	2	4		9		8		

Puzzle #35

EASY

5		7		2	1	6		
	6	1	3			9	7	5
	3			5				8
	7	2		9			6	
			6		4			
				8	2		9	
4						3		9
7	5		4		9	2	8	6
		9		3				7

Puzzle #36

EASY

	4		6					2
5	9		7		1	8		3
					5	1		4
	9			5	4			
	8			6				
	1	7	3	9		4		6
	7	8		1			4	5
4	2	3		8		7		
		5		7				8

Puzzle #37

EASY

	1	5	2		3	8		9
4	9				8	7	2	
			9	4		6	5	
2		9						
	3		4		2	5		8
	6	8	1				9	
		6		2				5
		7	8			4	1	2
9					5			

Puzzle #38

EASY

6	5		3	7				
7	2	9		5			4	3
8	3	1					2	
			6	2	5	1		
						8	6	7
		3		8		4	5	
	4					5	8	1
		6		9		2		
		5	7		4	3		

Puzzle #39

EASY

5		9	6					2
	8	2		4	9	6	5	7
	6	1			2	4	9	
4				3		5		
		7		2		8		
9	1	5			6	2		
8					4		2	
	7		8	1			4	
	5					3		6

Puzzle #40

EASY

		7			5		1	4
	8		9	2	1	7		
3			7		6	2		8
7	6			1		4		
8	3			6		9	7	
	5							3
	4			8	7	1		
		6		5				7
2	7				3		4	

Puzzle #41

EASY

5		4	7		2			
3	1	9				5	2	
	2					9	4	8
4					7			
		8	2	4	9			3
				5	6	2	9	
	4	7	1				6	9
8			9		3		5	
					4	8		1

Puzzle #42

EASY

4			3			9		
	8		1	9			4	
6		9		5				8
7	1		6				8	
2		8	5			4		9
	3	5		7			2	
			2	4				
1	4	7		8	6		3	5
				3		1		

Puzzle #43

EASY

6			3	8			4	
			2			1	3	
	3	4			9			
5		6		2	4	3		
	2	9		3		7		
			9	6	1	8	5	
		8		1		9		7
	7	3				6		
		1	5		2			3

Puzzle #44

EASY

7		5				8	6	
		3			5	2	9	1
9	4				8			
1	6	7			4	3		
	9			3		1	8	
2		8	9			5	4	6
	1	2		7	9			
						9		2
		9			6			5

Puzzle #45

EASY

		5	8				2	9
2	9		7	3			1	4
4		1		2		5	7	
6	2			7		9		5
	1	9					4	
	4	8		9	3			7
1	3		4			7		
				8	7		5	1

Puzzle #46

EASY

		2	4		5			
3			7	9	1		8	
1		8	3		6	5		
4	2	7	1				3	
9					7	2	1	5
	8		6				4	
				6	3		2	4
2	7				4	8		
					8	3	9	

Puzzle #47

EASY

	1	3		2			5	9
2	7					3		
6	5	8		3			7	
8	9			5	3	4		7
		1	8	7			6	
	2			9	6	5	8	1
		4		8		6		
9			3					
1		5		6				

Puzzle #48

EASY

		7		3	8		5	
	4			2	1			
5	3	2	9	7	6	4		8
		5	1			9		
9				6	2			3
4		3				7	2	
	5						6	
6	8	1					7	9
	7	4				1		

Puzzle #49

EASY

		2	6	5		1		
8				2			4	7
	5				4	8		2
3	7		4	8		9		
				5			4	8
6	8	4						
	1			4			8	
					2	6	9	
9	2	6		7	3		1	

Puzzle #50

EASY

6			3		2	7	9	
8		7		4				
				8			1	4
1	7						6	
	8		4			1	5	3
3		6	1		8	4		2
			7	6		9	8	5
	3		8			6		
		8	9		1			7

Puzzle #51

EASY

	1	7			6			4
8		3		4		1		7
	5				1			8
6		5	4			3	8	
			1	2	3			
	3	9	6					2
3			9	1		5		6
	8		3			4		
	6	1			4			3

Puzzle #52

EASY

	4	8				1			7
3		2					9		
1	6	7			8		5		
2			1	8			6		
6		3	4		9				
8			3				4	1	
	2	6	8		3	4			
5	3		7			8			
	8			2				3	

Puzzle #53

EASY

	1							3
		9			6		4	
6			4		7	9	8	2
2	7	8			4	1		
	9						2	
		3	2	9	1		7	6
			8	2			1	7
	5	1	7	4	9			
	8				3	5		

Puzzle #54

EASY

3	2				7	5		
1		6		2		3		
		7	3					
	7	3		9				5
9				3				
6			7	1	4	9	3	8
7		1				2	9	
	3	5			2			
	8			6		7		4

Puzzle #55

EASY

7		5	6	4				
9	3		7				6	8
				2	3			7
3	2	7	5		6			
6					9	2		
4			8	3				
								6
1		4	2	9		3		5
	7	8	3	6	4	1		

Puzzle #56

EASY

2	5				7	4	8	
8	9		5	4		6	2	
				2	9		3	
			2		3			4
3		4		1	5	7		
	1				4		9	
6					2	8		
	7	2	3	5				6
9							1	5

Puzzle #57

EASY

	6		5		2	8	4	
	8	4		7	6	1	3	2
	7		4	8			9	5
6		2				4	5	
		3	2					6
8				3				1
						5		
7		8	1	4		3		
4				6	7	2		

Puzzle #58

EASY

7		2	9		6		3	5
6	3		7	1		4		
	1	4	8					
9			2		1			
1			6				7	
4		6		7			2	
				6	2			
		5	4		8	3	1	
	9	1	5			2	6	

Puzzle #59

EASY

8					7	6	1	3
1			5			9		
	7	2	6	3				4
		3			5		4	7
2	8							
	1	5	3	7		8	9	
		1	4					8
7		8				4		9
	4			8	6	1		

Puzzle #60

EASY

2		9	4				6	8
5	1	8	3	6		7		
6	3							1
4	9			5		3		
7			2			4		1
			1	8	4	5	9	
	4	7	5	2		8		
		6		3				
	5		6		8	9		

Puzzle #61

EASY

	7	3	9	5	1		8	4
9	1				4			
	8		2	6			1	
		7	8	3				6
3					2	9	7	
8	9		1					
7		5						1
	4			2	7		6	3
2					6			7

Puzzle #62

EASY

			8	4				
5	6		9			2	8	
2		9	5		7		4	3
4	7	1		9		5		8
6	9		3				1	
						6		4
		8	6				2	
	4	3	7		1			5
1				5				9

Puzzle #63

EASY

					4		2	5
	5		3	7	6		1	
	4					9		3
	6	8		3			7	
	9	5						1
2		3	8		5		9	
		9	7		3	1		
5	1			2		6		
8				9			5	7

Puzzle #64

EASY

	5	8	6	9			7	1
9			4	1	3			5
	2				7			
2	9		3		6	5		8
					5	9		
		7	9		4			
6	8					9		3
		5	2				6	
		9		6		1	7	

Puzzle #65

EASY

5		8			6	2		
	9	6		1				7
	4			3	6			9
	5		6	2			4	
	2	9			5			6
	8	3		4		7	9	2
	5	1			8			
	7		3	5	4			
3		2	8					

Puzzle #66

EASY

	8		1			3		
9		6		4	2		1	
1				3	6		9	8
				5	9		3	6
	2			8	3	1		
7					4	5		
	5							1
6		8		7	5	9		3
	9		3	6			5	7

Puzzle #67

EASY

4					2	3		8	
5	2			8			6	1	
		6		4	9			2	
					5			1	4
6		4		7			9		
		8				1			7	3
3	6	2							
	7	5		9	6	4		3	
					8				6	5

Puzzle #68

EASY

		4		8	3			
	5	7				8		4
		5	9			3	7	1
7	6			2	9	5		3
						1		
	5	2	6		8			
	3	9	5				1	
	8	2			1			
4		7	8				2	

Puzzle #69

EASY

	4	2					9	
1		6	7			5	2	
			6		4			
3	1		9			7		
9	7		8			4	6	
6	2						3	
		7		1	9		8	6
8				5		3	4	
		3		7			1	

Puzzle #70

EASY

8	9	7	3	6	2		5	1
5	4					7		3
2			4	5				6
9	6	8						
		1	7				9	
	2		9	1				
			8		4	2		7
3								
	7		6	9		8		

Puzzle #71

EASY

	8							
5		9	8			6	4	2
		1		9	3	8	7	
	4	5	7			9	6	3
						5		4
	6		4			7	1	
			2	7				6
6	7		3					9
2		3	9	6	4		8	

Puzzle #72

EASY

4	3				6		1	
		2	5				7	4
5			8	2		9	6	
3	1		6				2	
	8			4	5		9	
7			1					6
6	9	3			1	5		
			9	5		7		
1		7	2					9

Puzzle #73

EASY

		2						
8	4		3		2		6	1
1			4			2	7	
		5	7		6	8	1	
			9	3	8		4	5
		6		5		7		
5				8	1	3		2
	6	9		4			8	
			2	7	9	4		

Puzzle #74

EASY

		9		6	1			
7				3			9	1
3	1		2		8	7		5
	8	3	9		7			
	4	1		8				3
		7	3	1	6	2	8	4
								7
1			8		9	5	3	
		5					1	9

Puzzle #75

EASY

1	4	2	8			9		5
8		5	1	6		2		
9						8	3	
		8	5				9	
	9	1		7		4	5	
3		6			2			7
	2	3	9		4	6	1	8
					3	7	2	
			7					

Puzzle #76

EASY

5					6	8			
	4		2			9			6
2	9		7				5		8
			6	2	1			5	
1			5		3	9			
	3			9			2	4	
		3	4	8		7			
	5	4		3		6			
8		1		7	5				4

Puzzle #77

EASY

6					1	5			8
		5				4	1		2
	8						5		9
	2	6						3	4
4				6				8	
	1			4	2	8	7	5	6
1				5	6	4			
5		9					8		
	4				7		2		

Puzzle #78

EASY

	3		4			9		5
				2	6			
				3		2		
4		3	7				9	
9	5				3		4	
7	1	6			4	8		3
	9	4	3		8			
3	7	1		9				2
		5	1			3		9

Puzzle #79

EASY

	9	2			3	1			5
				2			9			
	7	3					8		2
		5	9		1	3			
9	6		5	2				3	
		4	7			6	5		
8	1					7	9	2	
3						8	6	5	
4			6		2	3	8		

Puzzle #80

EASY

					4	7	9	5
5	3							8
	9	7	1					
	2	5		1	8	9	7	3
				6		8	2	
9								1
3		6		7		5	4	9
4		2	9		6	1	8	
7					5		6	

Puzzle #81

EASY

9	2		6		1			8
	6	1	3					
		8	2					
				6		2		5
7			5	8	9			
	5					7	1	
8				2	3	1	5	4
		7	8	1			6	3
	4				6	8		2

Puzzle #82

EASY

	1					3		
		5	4	3			6	
				2	6		5	4
		9				6	2	5
5	8		7		4			
	6		2	5	9			7
4	3	6			1			8
9	7			4			3	1
		1	8	9		7		

Puzzle #83

EASY

			7	9	1		6	
	8		4		5	3	2	
		6		8		9	5	
			8		6			9
			9	7	4		3	6
6						4	7	
7			2		9	6		5
	6	9				1		
4	3		6			7		

Puzzle #84

EASY

7			1		4			9
8	6		3		9	7		
		2		5		3		1
			9			4		
9	2	4				5	1	3
	1	7		4		9	6	
				9	8	2		
3	8		7	6	2			5
	7		4					6

Puzzle #85

EASY

	2		7			3	1	
	6	5			2	7	8	4
				4	8	9	5	
3				1			2	9
	1	8						
2			3			1		8
4	2	1		6		8	3	
		5				2		
1		9		7	3	6		5

Puzzle #86

EASY

	4	5	2		8	9		1
1				9	7			6
3		9	5				8	
6		3		8	2		7	
	1		4		5			
				3	9		2	
					6		1	
	8	1	7			2		9
2		6				8	4	7

Puzzle #87

EASY

6		3	7		4			
7	5			2		4		
	2	4			9		6	
5	9				3	6		
			8		6	9		3
3	6	8	9			2		4
8	3		1	9	2	5		
				3				1
2	1					3		9

Puzzle #88

EASY

	8	5			9	2		
2		3	5	8				
4	9				3	5		8
			3	5	4			1
1		4	6			8		
	2			1			9	
	1		8			7		9
9		7				4	8	2
				2	7		5	

Puzzle #89

EASY

		5		6		4	7	2
8	9	7	2		4			5
				5		8		
1		9		4		6		
7	5							
	6		8	7		5	1	9
9	8	4	5		7	1		
		1		2				8
		2	6				3	

Puzzle #90

EASY

3			8		4	6		
9	6		2	3			5	7
			9		7			
	1	2			9		8	
				2	6			9
5				1	8	2	7	6
	8	3			5	7	2	4
	5						1	3
2	4	9		7				

Puzzle #91

EASY

1			7				4		9
	4	7				9	8		
				6	4			2	7
5			9	2			1		
9	2	4	6						
7		3	4	8	5		6		2
					2	7			6
								3	5
	6	9	5		1			8	4

Puzzle #92

EASY

	8	5		6				4
	1				9	6	5	
		6		3	4			1
6	4		1	5	3		8	
9			2				3	
			9					2
8				7		9	1	
1	3		4	9			6	
5					8	4	7	

Puzzle #93

EASY

		9	6				1	
5						6		
4				5		7		8
3		4		8	2		6	
	5			3	6			7
6	9		7		4	8		
	4	7	8			3		9
2			3			1		4
	3	8	2		1	5		6

Puzzle #94

EASY

5	1		2	3			8	9
4						5	7	
		3	7	8		2		
7			5		3		6	
			4	7	8			5
	2		6	1	9	3	4	
9								
		4	3			8		1
3			8	5	6			

Puzzle #95

EASY

	9	1						
		6	1	2			3	
7	3	5		8	6		4	2
3	4	9	7			5	2	6
5				3	9		7	
					4		9	8
9					2			
			3	9				
8	2			7	5			

Puzzle #96

EASY

			4					
			6		7		8	
5		4	3			2	6	
8				6			1	7
7					9		5	
4		1	7			6	2	9
6	4	9			2	1	3	5
	2				3		7	
	5		9		6	8	4	

Puzzle #97

EASY

3	7		9					
2			6	4			8	7
4		9				5		
	8		3					
		4		5		7		9
7		2		6		3		8
6	2			9	7		3	
			5	3		6	9	
9	5		8			4	7	2

Puzzle #98

EASY

3				6	4			2	
		9		3		1		5	
						9	3	6	1
	6			5					
					3		1	7	6
	2	7		1	4	6	5		
2		6					8	1	5
		8					2	9	
4	5	1					6		

Puzzle #99

EASY

5		1	6		8		7	
			2		1			3
		2				1	4	5
2		8			7		9	1
3					6	2		
	9	4			2	3	8	
1	8	3		6		5	2	9
			3					
	7		1		5			

Puzzle #100

EASY

5						6	8		
		9	3				2	4	6
	8	4		1			5		
3			6	2	5		8		
		7	1		4				
	6	8		3	9			1	
1				9	2	4	7		
		2		7				8	
8		5				3			

Solutions

Puzzle # 1

8	4	7	1	2	9	3	6	5
1	5	2	6	4	3	7	8	9
6	9	3	8	7	5	1	4	2
7	8	1	2	9	4	6	5	3
9	2	5	3	1	6	8	7	4
4	3	6	7	5	8	2	9	1
2	7	9	4	6	1	5	3	8
3	1	4	5	8	7	9	2	6
5	6	8	9	3	2	4	1	7

Puzzle # 2

1	7	4	8	9	3	6	2	5
8	6	5	7	4	2	3	9	1
2	9	3	6	1	5	4	7	8
4	5	8	1	2	7	9	3	6
9	3	7	5	8	6	2	1	4
6	2	1	9	3	4	5	8	7
7	1	2	4	6	9	8	5	3
3	8	6	2	5	1	7	4	9
5	4	9	3	7	8	1	6	2

Puzzle # 3

7	4	5	3	8	9	2	1	6
2	6	9	1	7	5	3	4	8
8	3	1	2	6	4	5	7	9
1	7	3	5	9	8	6	2	4
6	2	4	7	3	1	9	8	5
5	9	8	4	2	6	7	3	1
9	8	2	6	1	3	4	5	7
4	1	7	9	5	2	8	6	3
3	5	6	8	4	7	1	9	2

Puzzle # 4

7	1	8	9	6	5	2	4	3
9	2	6	4	7	3	1	8	5
4	3	5	2	8	1	7	6	9
2	6	3	7	9	8	5	1	4
1	8	7	3	5	4	9	2	6
5	9	4	1	2	6	3	7	8
8	7	2	5	4	9	6	3	1
6	5	1	8	3	7	4	9	2
3	4	9	6	1	2	8	5	7

Puzzle # 5

3	2	1	8	9	6	4	5	7
6	8	9	7	4	5	3	2	1
4	7	5	2	1	3	6	9	8
7	4	2	5	3	9	1	8	6
1	9	8	6	2	7	5	4	3
5	6	3	4	8	1	9	7	2
9	3	4	1	7	2	8	6	5
2	1	6	9	5	8	7	3	4
8	5	7	3	6	4	2	1	9

Puzzle # 6

8	2	7	3	5	4	1	6	9
9	5	3	2	1	6	8	7	4
6	1	4	7	8	9	5	2	3
1	4	2	6	7	3	9	5	8
7	8	6	5	9	1	3	4	2
3	9	5	8	4	2	7	1	6
5	6	9	4	3	7	2	8	1
4	7	1	9	2	8	6	3	5
2	3	8	1	6	5	4	9	7

Puzzle # 7

6	4	1	5	2	8	7	3	9
8	3	2	9	7	6	1	4	5
5	7	9	3	1	4	8	6	2
1	9	3	2	4	5	6	8	7
2	8	7	6	9	1	4	5	3
4	5	6	7	8	3	2	9	1
7	1	4	8	3	9	5	2	6
9	2	5	4	6	7	3	1	8
3	6	8	1	5	2	9	7	4

Puzzle # 8

5	3	1	9	6	7	2	4	8
6	7	2	4	3	8	5	9	1
8	4	9	5	2	1	7	6	3
9	5	6	2	4	3	8	1	7
3	2	8	1	7	6	9	5	4
7	1	4	8	9	5	6	3	2
1	9	3	6	8	2	4	7	5
4	8	5	7	1	9	3	2	6
2	6	7	3	5	4	1	8	9

Puzzle # 9

3	6	7	9	1	5	2	8	4
9	5	8	4	2	7	3	1	6
1	4	2	3	8	6	9	5	7
8	1	3	6	9	2	4	7	5
5	7	6	8	4	3	1	2	9
4	2	9	5	7	1	8	6	3
2	3	5	1	6	4	7	9	8
6	9	1	7	3	8	5	4	2
7	8	4	2	5	9	6	3	1

Puzzle # 10

1	3	8	4	9	6	5	7	2
5	7	6	2	1	8	3	9	4
2	9	4	7	3	5	1	6	8
3	2	7	8	4	9	6	5	1
6	5	9	3	2	1	4	8	7
8	4	1	5	6	7	9	2	3
9	1	3	6	7	2	8	4	5
4	8	2	9	5	3	7	1	6
7	6	5	1	8	4	2	3	9

Puzzle # 11

4	3	6	9	2	5	1	8	7
5	1	7	4	8	6	2	3	9
8	9	2	7	1	3	4	6	5
2	6	5	1	4	7	8	9	3
1	8	9	3	5	2	6	7	4
3	7	4	6	9	8	5	1	2
9	2	8	5	3	1	7	4	6
7	4	1	2	6	9	3	5	8
6	5	3	8	7	4	9	2	1

Puzzle # 12

6	5	9	7	4	8	1	2	3
8	7	1	9	2	3	5	6	4
2	4	3	1	5	6	7	9	8
1	2	5	8	3	4	6	7	9
3	6	4	2	9	7	8	5	1
7	9	8	6	1	5	3	4	2
5	3	6	4	8	2	9	1	7
9	8	2	5	7	1	4	3	6
4	1	7	3	6	9	2	8	5

Puzzle # 13

1	9	5	2	7	6	4	3	8
4	2	3	1	5	8	7	9	6
6	7	8	4	3	9	5	2	1
7	6	2	8	4	5	3	1	9
5	8	4	9	1	3	6	7	2
9	3	1	7	6	2	8	4	5
8	5	9	3	2	4	1	6	7
2	4	7	6	8	1	9	5	3
3	1	6	5	9	7	2	8	4

Puzzle # 14

9	7	8	6	2	3	1	4	5
5	2	6	4	7	1	3	9	8
1	4	3	5	9	8	2	6	7
8	1	4	9	3	6	5	7	2
2	6	9	7	1	5	8	3	4
7	3	5	2	8	4	6	1	9
3	9	7	8	6	2	4	5	1
6	5	2	1	4	9	7	8	3
4	8	1	3	5	7	9	2	6

Puzzle # 15

3	9	7	2	1	4	6	8	5
8	5	2	7	9	6	4	1	3
6	4	1	3	5	8	2	9	7
5	6	9	1	2	7	8	3	4
4	1	3	8	6	9	5	7	2
7	2	8	5	4	3	9	6	1
2	3	5	6	8	1	7	4	9
1	8	4	9	7	2	3	5	6
9	7	6	4	3	5	1	2	8

Puzzle # 16

7	4	3	8	6	5	2	1	9
5	8	1	3	2	9	6	4	7
2	6	9	1	7	4	5	8	3
6	3	2	7	4	1	9	5	8
1	5	8	6	9	3	7	2	4
4	9	7	2	5	8	1	3	6
3	1	5	9	8	6	4	7	2
9	2	4	5	3	7	8	6	1
8	7	6	4	1	2	3	9	5

Puzzle # 17

8	5	1	2	4	7	9	6	3
6	4	3	1	9	5	8	2	7
9	7	2	3	8	6	5	4	1
7	9	8	5	2	4	1	3	6
3	1	4	6	7	8	2	9	5
2	6	5	9	1	3	7	8	4
4	3	9	8	5	1	6	7	2
1	2	6	7	3	9	4	5	8
5	8	7	4	6	2	3	1	9

Puzzle # 18

7	3	6	9	4	5	2	1	8
5	9	2	1	3	8	7	6	4
1	4	8	2	7	6	9	3	5
9	8	5	4	2	1	3	7	6
2	6	3	8	5	7	1	4	9
4	1	7	6	9	3	5	8	2
8	7	9	3	6	2	4	5	1
6	5	4	7	1	9	8	2	3
3	2	1	5	8	4	6	9	7

Puzzle # 19

7	2	5	8	6	4	1	9	3
4	9	8	1	3	2	7	5	6
3	6	1	9	5	7	8	2	4
5	3	7	4	2	6	9	1	8
9	1	6	5	7	8	4	3	2
2	8	4	3	9	1	6	7	5
8	4	2	7	1	3	5	6	9
6	7	9	2	4	5	3	8	1
1	5	3	6	8	9	2	4	7

Puzzle # 20

7	4	3	2	5	6	8	9	1
5	8	9	1	7	4	2	6	3
1	6	2	3	9	8	4	5	7
9	3	7	4	6	2	5	1	8
6	2	8	5	3	1	7	4	9
4	5	1	7	8	9	3	2	6
3	1	4	9	2	7	6	8	5
2	7	6	8	1	5	9	3	4
8	9	5	6	4	3	1	7	2

Puzzle # 21

8	7	6	9	1	2	4	3	5
1	5	9	8	4	3	6	2	7
2	3	4	7	5	6	8	1	9
3	6	7	5	2	8	1	9	4
9	1	2	4	3	7	5	6	8
5	4	8	1	6	9	2	7	3
7	9	5	2	8	1	3	4	6
6	8	1	3	9	4	7	5	2
4	2	3	6	7	5	9	8	1

Puzzle # 22

8	7	5	1	9	4	2	3	6
6	2	4	3	7	5	8	9	1
3	9	1	8	2	6	4	7	5
2	5	3	4	6	7	9	1	8
7	1	9	2	8	3	5	6	4
4	6	8	9	5	1	7	2	3
9	3	2	5	1	8	6	4	7
5	4	7	6	3	2	1	8	9
1	8	6	7	4	9	3	5	2

Puzzle # 23

9	7	1	2	8	3	4	5	6
8	3	5	4	6	7	2	1	9
2	6	4	5	9	1	8	3	7
3	8	6	7	5	2	1	9	4
1	5	2	9	4	6	7	8	3
4	9	7	1	3	8	5	6	2
6	2	8	3	1	4	9	7	5
5	4	3	8	7	9	6	2	1
7	1	9	6	2	5	3	4	8

Puzzle # 24

4	5	1	7	3	6	2	8	9
6	9	7	5	8	2	1	4	3
8	2	3	1	9	4	6	7	5
3	1	2	4	6	8	5	9	7
7	8	5	2	1	9	3	6	4
9	6	4	3	5	7	8	2	1
5	4	8	6	7	1	9	3	2
1	7	9	8	2	3	4	5	6
2	3	6	9	4	5	7	1	8

Puzzle # 25

2	8	5	1	9	7	4	3	6
1	3	7	4	6	8	2	5	9
4	9	6	3	5	2	7	8	1
7	5	9	6	2	3	8	1	4
3	6	2	8	1	4	5	9	7
8	4	1	5	7	9	6	2	3
9	2	8	7	4	1	3	6	5
6	1	4	2	3	5	9	7	8
5	7	3	9	8	6	1	4	2

Puzzle # 26

5	1	4	9	7	6	2	8	3
7	3	2	5	8	4	9	6	1
9	8	6	2	1	3	7	4	5
6	2	5	8	9	7	3	1	4
3	9	8	4	5	1	6	2	7
4	7	1	3	6	2	5	9	8
1	4	9	7	2	5	8	3	6
8	5	3	6	4	9	1	7	2
2	6	7	1	3	8	4	5	9

Puzzle # 27

5	6	3	2	7	1	9	8	4
9	4	7	5	3	8	1	6	2
1	2	8	4	9	6	3	5	7
4	7	2	3	1	5	6	9	8
8	9	5	6	4	2	7	3	1
6	3	1	9	8	7	2	4	5
3	1	9	7	5	4	8	2	6
2	8	4	1	6	3	5	7	9
7	5	6	8	2	9	4	1	3

Puzzle # 28

4	6	8	9	5	1	2	7	3
9	7	3	6	8	2	1	5	4
2	5	1	7	3	4	6	8	9
3	1	7	4	6	5	9	2	8
8	4	5	2	9	3	7	1	6
6	2	9	8	1	7	4	3	5
5	3	6	1	7	9	8	4	2
1	8	4	3	2	6	5	9	7
7	9	2	5	4	8	3	6	1

Puzzle # 29

2	8	6	1	5	9	7	4	3
9	7	1	4	6	3	8	2	5
3	5	4	7	2	8	9	1	6
6	4	8	9	3	2	1	5	7
5	1	9	6	8	7	4	3	2
7	2	3	5	1	4	6	9	8
4	6	2	3	7	1	5	8	9
8	9	5	2	4	6	3	7	1
1	3	7	8	9	5	2	6	4

Puzzle # 30

1	4	9	3	6	8	2	5	7
8	3	6	2	7	5	9	4	1
2	7	5	1	9	4	6	8	3
5	2	8	4	3	9	7	1	6
4	9	1	7	2	6	5	3	8
3	6	7	5	8	1	4	9	2
7	8	4	9	1	2	3	6	5
9	1	3	6	5	7	8	2	4
6	5	2	8	4	3	1	7	9

Puzzle # 31

9	8	7	5	2	1	3	6	4
3	5	4	6	7	8	1	2	9
1	2	6	4	9	3	7	8	5
4	1	8	2	6	5	9	3	7
7	3	2	1	8	9	4	5	6
6	9	5	7	3	4	2	1	8
2	4	1	9	5	6	8	7	3
8	6	9	3	1	7	5	4	2
5	7	3	8	4	2	6	9	1

Puzzle # 32

8	2	9	1	7	3	6	5	4
1	7	5	4	6	9	2	8	3
4	6	3	5	2	8	1	9	7
6	9	4	3	5	2	7	1	8
3	5	2	7	8	1	9	4	6
7	8	1	6	9	4	3	2	5
5	4	7	9	1	6	8	3	2
2	1	6	8	3	5	4	7	9
9	3	8	2	4	7	5	6	1

Puzzle # 33

9	6	5	1	2	3	7	8	4
4	1	7	9	6	8	5	2	3
2	3	8	7	4	5	9	6	1
6	4	9	5	8	2	1	3	7
3	7	2	4	9	1	8	5	6
8	5	1	6	3	7	4	9	2
5	2	3	8	7	4	6	1	9
1	9	4	2	5	6	3	7	8
7	8	6	3	1	9	2	4	5

Puzzle # 34

9	4	7	3	5	8	1	2	6
2	5	1	6	4	9	7	3	8
8	3	6	1	7	2	5	9	4
3	6	5	9	1	4	2	8	7
4	9	2	8	6	7	3	1	5
7	1	8	5	2	3	4	6	9
5	7	3	2	8	6	9	4	1
1	8	9	4	3	5	6	7	2
6	2	4	7	9	1	8	5	3

Puzzle # 35

5	8	7	9	2	1	6	4	3
2	6	1	3	4	8	9	7	5
9	3	4	7	5	6	1	2	8
8	7	2	1	9	3	5	6	4
1	9	5	6	7	4	8	3	2
3	4	6	5	8	2	7	9	1
4	1	8	2	6	7	3	5	9
7	5	3	4	1	9	2	8	6
6	2	9	8	3	5	4	1	7

Puzzle # 36

7	4	1	6	3	8	9	5	2
2	5	9	7	4	1	8	6	3
8	3	6	9	2	5	1	7	4
6	9	2	8	5	4	3	1	7
3	8	4	1	6	7	5	2	9
5	1	7	3	9	2	4	8	6
9	7	8	2	1	3	6	4	5
4	2	3	5	8	6	7	9	1
1	6	5	4	7	9	2	3	8

Puzzle # 37

6	1	5	2	7	3	8	4	9
4	9	3	6	5	8	7	2	1
8	7	2	9	4	1	6	5	3
2	4	9	5	8	6	1	3	7
7	3	1	4	9	2	5	6	8
5	6	8	1	3	7	2	9	4
1	8	6	3	2	4	9	7	5
3	5	7	8	6	9	4	1	2
9	2	4	7	1	5	3	8	6

Puzzle # 38

6	5	4	3	7	2	9	1	8
7	2	9	8	5	1	6	4	3
8	3	1	4	6	9	7	2	5
4	7	8	6	2	5	1	3	9
5	9	2	1	4	3	8	6	7
1	6	3	9	8	7	4	5	2
9	4	7	2	3	6	5	8	1
3	1	6	5	9	8	2	7	4
2	8	5	7	1	4	3	9	6

Puzzle # 39

5	4	9	6	7	8	1	3	2
3	8	2	1	4	9	6	5	7
7	6	1	3	5	2	4	9	8
4	2	8	7	3	1	5	6	9
6	3	7	9	2	5	8	1	4
9	1	5	4	8	6	2	7	3
8	9	3	5	6	4	7	2	1
2	7	6	8	1	3	9	4	5
1	5	4	2	9	7	3	8	6

Puzzle # 40

9	2	7	8	3	5	6	1	4
6	8	4	9	2	1	7	3	5
3	1	5	7	4	6	2	9	8
7	6	9	3	1	8	4	5	2
8	3	2	5	6	4	9	7	1
4	5	1	2	7	9	8	6	3
5	4	3	6	8	7	1	2	9
1	9	6	4	5	2	3	8	7
2	7	8	1	9	3	5	4	6

Puzzle # 41

5	8	4	7	9	2	1	3	6
3	1	9	4	6	8	5	2	7
7	2	6	5	3	1	9	4	8
4	9	2	3	1	7	6	8	5
6	5	8	2	4	9	7	1	3
1	7	3	8	5	6	2	9	4
2	4	7	1	8	5	3	6	9
8	6	1	9	7	3	4	5	2
9	3	5	6	2	4	8	7	1

Puzzle # 42

4	7	1	3	6	8	9	5	2
5	8	3	1	9	2	7	4	6
6	2	9	4	5	7	3	1	8
7	1	4	6	2	9	5	8	3
2	6	8	5	1	3	4	7	9
9	3	5	8	7	4	6	2	1
3	5	6	2	4	1	8	9	7
1	4	7	9	8	6	2	3	5
8	9	2	7	3	5	1	6	4

Puzzle # 43

6	1	2	3	8	7	5	4	9
7	9	5	2	4	6	1	3	8
8	3	4	1	5	9	2	7	6
5	8	6	7	2	4	3	9	1
1	2	9	8	3	5	7	6	4
3	4	7	9	6	1	8	5	2
4	5	8	6	1	3	9	2	7
2	7	3	4	9	8	6	1	5
9	6	1	5	7	2	4	8	3

Puzzle # 44

7	2	5	1	9	3	8	6	4
6	8	3	7	4	5	2	9	1
9	4	1	2	6	8	7	5	3
1	6	7	8	5	4	3	2	9
5	9	4	6	3	2	1	8	7
2	3	8	9	1	7	5	4	6
4	1	2	5	7	9	6	3	8
3	5	6	4	8	1	9	7	2
8	7	9	3	2	6	4	1	5

Puzzle # 45

3	7	5	8	4	1	6	2	9
2	9	6	7	3	5	8	1	4
4	8	1	6	2	9	5	7	3
6	2	3	1	7	4	9	8	5
7	1	9	5	6	8	3	4	2
5	4	8	2	9	3	1	6	7
8	5	7	9	1	2	4	3	6
1	3	2	4	5	6	7	9	8
9	6	4	3	8	7	2	5	1

Puzzle # 46

7	9	2	4	8	5	1	6	3
3	6	5	7	9	1	4	8	2
1	4	8	3	2	6	5	7	9
4	2	7	1	5	9	6	3	8
9	3	6	8	4	7	2	1	5
5	8	1	6	3	2	9	4	7
8	1	9	5	6	3	7	2	4
2	7	3	9	1	4	8	5	6
6	5	4	2	7	8	3	9	1

Puzzle # 47

4	1	3	6	2	7	8	5	9
2	7	9	5	1	8	3	4	6
6	5	8	9	3	4	1	7	2
8	9	6	1	5	3	4	2	7
5	4	1	8	7	2	9	6	3
3	2	7	4	9	6	5	8	1
7	3	4	2	8	1	6	9	5
9	6	2	3	4	5	7	1	8
1	8	5	7	6	9	2	3	4

Puzzle # 48

1	9	7	4	3	8	6	5	2
8	4	6	5	2	1	3	9	7
5	3	2	9	7	6	4	1	8
7	2	5	1	4	3	9	8	6
9	1	8	7	6	2	5	4	3
4	6	3	8	9	5	7	2	1
3	5	9	2	1	7	8	6	4
6	8	1	3	5	4	2	7	9
2	7	4	6	8	9	1	3	5

Puzzle # 49

7	4	2	6	5	8	1	3	9
8	6	3	1	2	9	4	7	5
1	5	9	7	3	4	8	6	2
3	7	5	4	8	1	9	2	6
2	9	1	3	6	5	7	4	8
6	8	4	2	9	7	3	5	1
5	1	7	9	4	6	2	8	3
4	3	8	5	1	2	6	9	7
9	2	6	8	7	3	5	1	4

Puzzle # 50

6	4	5	3	1	2	7	9	8
8	1	7	5	4	9	2	3	6
2	9	3	6	8	7	5	1	4
1	7	4	2	3	5	8	6	9
9	8	2	4	7	6	1	5	3
3	5	6	1	9	8	4	7	2
4	2	1	7	6	3	9	8	5
7	3	9	8	5	4	6	2	1
5	6	8	9	2	1	3	4	7

Puzzle # 51

2	1	7	8	3	6	9	5	4
8	9	3	5	4	2	1	6	7
4	5	6	7	9	1	2	3	8
6	2	5	4	7	9	3	8	1
7	4	8	1	2	3	6	9	5
1	3	9	6	8	5	7	4	2
3	7	4	9	1	8	5	2	6
5	8	2	3	6	7	4	1	9
9	6	1	2	5	4	8	7	3

Puzzle # 52

9	4	8	2	5	1	6	3	7
3	5	2	6	4	7	9	1	8
1	6	7	9	3	8	2	5	4
2	7	4	1	8	5	3	6	9
6	1	3	4	7	9	5	8	2
8	9	5	3	6	2	7	4	1
7	2	6	8	1	3	4	9	5
5	3	1	7	9	4	8	2	6
4	8	9	5	2	6	1	7	3

Puzzle # 53

4	1	7	9	8	2	6	5	3
8	2	9	5	3	6	7	4	1
6	3	5	4	1	7	9	8	2
2	7	8	6	5	4	1	3	9
1	9	6	3	7	8	4	2	5
5	4	3	2	9	1	8	7	6
9	6	4	8	2	5	3	1	7
3	5	1	7	4	9	2	6	8
7	8	2	1	6	3	5	9	4

Puzzle # 54

3	2	8	6	4	7	5	1	9
1	4	6	5	2	9	3	8	7
5	9	7	3	8	1	4	2	6
8	7	3	2	9	6	1	4	5
9	1	4	8	3	5	6	7	2
6	5	2	7	1	4	9	3	8
7	6	1	4	5	8	2	9	3
4	3	5	9	7	2	8	6	1
2	8	9	1	6	3	7	5	4

Puzzle # 55

7	1	5	6	4	8	9	3	2
9	3	2	7	5	1	4	6	8
8	4	6	9	2	3	5	1	7
3	2	7	5	1	6	8	9	4
6	8	1	4	7	9	2	5	3
4	5	9	8	3	2	6	7	1
2	9	3	1	8	5	7	4	6
1	6	4	2	9	7	3	8	5
5	7	8	3	6	4	1	2	9

Puzzle # 56

2	5	1	6	3	7	4	8	9
8	9	3	5	4	1	6	2	7
4	6	7	8	2	9	5	3	1
7	8	9	2	6	3	1	5	4
3	2	4	9	1	5	7	6	8
5	1	6	7	8	4	3	9	2
6	4	5	1	9	2	8	7	3
1	7	2	3	5	8	9	4	6
9	3	8	4	7	6	2	1	5

Puzzle # 57

3	6	9	5	1	2	8	4	7
5	8	4	9	7	6	1	3	2
2	7	1	4	8	3	6	9	5
6	1	2	7	9	8	4	5	3
9	4	3	2	5	1	7	8	6
8	5	7	6	3	4	9	2	1
1	3	6	8	2	9	5	7	4
7	2	8	1	4	5	3	6	9
4	9	5	3	6	7	2	1	8

Puzzle # 58

7	8	2	9	4	6	1	3	5
6	3	9	7	1	5	4	8	2
5	1	4	8	2	3	7	9	6
9	7	8	2	5	1	6	4	3
1	2	3	6	8	4	5	7	9
4	5	6	3	7	9	8	2	1
3	4	7	1	6	2	9	5	8
2	6	5	4	9	8	3	1	7
8	9	1	5	3	7	2	6	4

Puzzle # 59

8	5	4	2	9	7	6	1	3
1	3	6	5	4	8	9	7	2
9	7	2	6	3	1	5	8	4
6	9	3	8	1	5	2	4	7
2	8	7	9	6	4	3	5	1
4	1	5	3	7	2	8	9	6
5	6	1	4	2	9	7	3	8
7	2	8	1	5	3	4	6	9
3	4	9	7	8	6	1	2	5

Puzzle # 60

2	7	9	4	1	5	6	8	3
5	1	8	3	6	2	7	4	9
6	3	4	8	7	9	2	1	5
4	9	1	7	5	6	3	2	8
7	8	5	2	9	3	4	6	1
3	6	2	1	8	4	5	9	7
9	4	7	5	2	1	8	3	6
8	2	6	9	3	7	1	5	4
1	5	3	6	4	8	9	7	2

Puzzle # 61

6	7	3	9	5	1	2	8	4
9	1	2	7	8	4	6	3	5
5	8	4	2	6	3	7	1	9
4	2	7	8	3	9	1	5	6
3	5	1	6	4	2	9	7	8
8	9	6	1	7	5	3	4	2
7	6	5	3	9	8	4	2	1
1	4	9	5	2	7	8	6	3
2	3	8	4	1	6	5	9	7

Puzzle # 62

3	1	7	8	4	2	9	5	6
5	6	4	9	1	3	2	8	7
2	8	9	5	6	7	1	4	3
4	7	1	2	9	6	5	3	8
6	9	5	3	8	4	7	1	2
8	3	2	1	7	5	6	9	4
7	5	8	6	3	9	4	2	1
9	4	3	7	2	1	8	6	5
1	2	6	4	5	8	3	7	9

Puzzle # 63

3	8	6	1	4	9	7	2	5
9	5	2	3	7	6	8	1	4
7	4	1	5	8	2	9	6	3
1	6	8	9	3	4	5	7	2
4	9	5	2	6	7	3	8	1
2	7	3	8	1	5	4	9	6
6	2	9	7	5	3	1	4	8
5	1	7	4	2	8	6	3	9
8	3	4	6	9	1	2	5	7

Puzzle # 64

4	5	8	6	9	2	3	7	1
9	7	6	4	1	3	8	2	5
1	2	3	8	5	7	4	6	9
2	9	1	3	7	6	5	4	8
8	6	4	1	2	5	9	3	7
5	3	7	9	8	4	2	1	6
6	8	2	7	4	9	1	5	3
7	1	5	2	3	8	6	9	4
3	4	9	5	6	1	7	8	2

Puzzle # 65

5	3	8	7	9	6	2	1	4
2	9	6	4	1	8	3	5	7
7	4	1	2	5	3	6	8	9
9	5	7	3	6	2	1	4	8
1	2	4	9	8	7	5	3	6
6	8	3	5	4	1	7	9	2
4	6	5	1	2	9	8	7	3
8	7	9	6	3	5	4	2	1
3	1	2	8	7	4	9	6	5

Puzzle # 66

4	8	5	1	9	7	3	6	2
9	3	6	8	4	2	7	1	5
1	7	2	5	3	6	4	9	8
8	4	1	7	5	9	2	3	6
5	2	9	6	8	3	1	7	4
7	6	3	2	1	4	5	8	9
3	5	7	9	2	8	6	4	1
6	1	8	4	7	5	9	2	3
2	9	4	3	6	1	8	5	7

Puzzle # 67

4	9	7	1	2	3	5	8	6
5	2	3	8	7	6	1	4	9
1	8	6	4	9	5	2	3	7
7	3	9	2	5	8	6	1	4
6	1	4	7	3	9	8	5	2
2	5	8	6	4	1	9	7	3
3	6	2	5	1	7	4	9	8
8	7	5	9	6	4	3	2	1
9	4	1	3	8	2	7	6	5

Puzzle # 68

9	7	4	1	8	3	2	5	6
1	3	5	7	6	2	8	9	4
2	8	6	5	9	4	3	7	1
7	6	1	4	2	9	5	8	3
8	4	9	3	7	5	1	6	2
3	5	2	6	1	8	7	4	9
6	2	3	9	5	7	4	1	8
5	9	8	2	4	1	6	3	7
4	1	7	8	3	6	9	2	5

Puzzle # 69

7	4	2	1	8	5	6	9	3
1	8	6	7	9	3	5	2	4
5	3	9	6	2	4	8	7	1
3	1	4	9	6	2	7	5	8
9	7	5	8	3	1	4	6	2
6	2	8	5	4	7	1	3	9
4	5	7	3	1	9	2	8	6
8	9	1	2	5	6	3	4	7
2	6	3	4	7	8	9	1	5

Puzzle # 70

8	9	7	3	6	2	4	5	1
5	4	6	1	8	9	7	2	3
2	1	3	4	5	7	9	8	6
9	6	8	5	4	3	1	7	2
4	3	1	7	2	8	6	9	5
7	2	5	9	1	6	3	4	8
6	5	9	8	3	4	2	1	7
3	8	4	2	7	1	5	6	9
1	7	2	6	9	5	8	3	4

Puzzle # 71

7	8	6	5	4	2	3	9	1
5	3	9	8	1	7	6	4	2
4	2	1	6	9	3	8	7	5
1	4	5	7	2	8	9	6	3
8	9	7	1	3	6	5	2	4
3	6	2	4	5	9	7	1	8
9	1	8	2	7	5	4	3	6
6	7	4	3	8	1	2	5	9
2	5	3	9	6	4	1	8	7

Puzzle # 72

4	3	8	7	6	9	2	1	5
9	6	2	5	1	3	8	7	4
5	7	1	8	2	4	9	6	3
3	1	5	6	9	7	4	2	8
2	8	6	3	4	5	1	9	7
7	4	9	1	8	2	3	5	6
6	9	3	4	7	1	5	8	2
8	2	4	9	5	6	7	3	1
1	5	7	2	3	8	6	4	9

Puzzle # 73

6	5	2	8	1	7	9	3	4
8	4	7	3	9	2	5	6	1
1	9	3	4	6	5	2	7	8
4	3	5	7	2	6	8	1	9
7	2	1	9	3	8	6	4	5
9	8	6	1	5	4	7	2	3
5	7	4	6	8	1	3	9	2
2	6	9	5	4	3	1	8	7
3	1	8	2	7	9	4	5	6

Puzzle # 74

4	5	9	7	6	1	3	2	8
7	2	8	4	3	5	6	9	1
3	1	6	2	9	8	7	4	5
2	8	3	9	4	7	1	5	6
6	4	1	5	8	2	9	7	3
5	9	7	3	1	6	2	8	4
9	3	2	1	5	4	8	6	7
1	6	4	8	7	9	5	3	2
8	7	5	6	2	3	4	1	9

Puzzle # 75

1	4	2	8	3	7	9	6	5
8	3	5	1	6	9	2	7	4
9	6	7	2	4	5	8	3	1
4	7	8	5	1	6	3	9	2
2	9	1	3	7	8	4	5	6
3	5	6	4	9	2	1	8	7
7	2	3	9	5	4	6	1	8
5	1	4	6	8	3	7	2	9
6	8	9	7	2	1	5	4	3

Puzzle # 76

5	1	7	3	6	8	4	9	2
3	4	8	2	5	9	1	7	6
2	9	6	7	1	4	5	3	8
4	7	9	6	2	1	8	5	3
1	8	2	5	4	3	9	6	7
6	3	5	8	9	7	2	4	1
9	2	3	4	8	6	7	1	5
7	5	4	1	3	2	6	8	9
8	6	1	9	7	5	3	2	4

Puzzle # 77

6	9	4	2	1	5	3	7	8
7	3	5	9	8	4	1	6	2
2	8	1	7	6	3	5	4	9
8	2	6	5	7	1	9	3	4
4	5	7	6	3	9	2	8	1
9	1	3	4	2	8	7	5	6
1	7	2	8	5	6	4	9	3
5	6	9	3	4	2	8	1	7
3	4	8	1	9	7	6	2	5

Puzzle # 78

8	3	2	4	1	7	9	6	5
1	4	9	5	2	6	7	3	8
5	6	7	8	3	9	2	1	4
4	2	3	7	8	1	5	9	6
9	5	8	2	6	3	1	4	7
7	1	6	9	5	4	8	2	3
2	9	4	3	7	8	6	5	1
3	7	1	6	9	5	4	8	2
6	8	5	1	4	2	3	7	9

Puzzle # 79

6	9	2	8	3	1	4	7	5
5	4	8	2	7	9	1	6	3
1	7	3	4	6	5	8	9	2
7	8	5	9	1	3	2	4	6
9	6	1	5	2	4	7	3	8
2	3	4	7	8	6	5	1	9
8	1	6	3	5	7	9	2	4
3	2	9	1	4	8	6	5	7
4	5	7	6	9	2	3	8	1

Puzzle # 80

2	6	1	3	8	4	7	9	5
5	3	4	6	9	7	2	1	8
8	9	7	1	5	2	4	3	6
6	2	5	4	1	8	9	7	3
1	7	3	5	6	9	8	2	4
9	4	8	7	2	3	6	5	1
3	8	6	2	7	1	5	4	9
4	5	2	9	3	6	1	8	7
7	1	9	8	4	5	3	6	2

Puzzle # 81

9	2	4	6	7	1	5	3	8
5	6	1	3	9	8	4	2	7
3	7	8	2	4	5	6	9	1
4	3	9	1	6	7	2	8	5
7	1	2	5	8	9	3	4	6
6	8	5	4	3	2	7	1	9
8	9	6	7	2	3	1	5	4
2	5	7	8	1	4	9	6	3
1	4	3	9	5	6	8	7	2

Puzzle # 82

6	1	4	9	8	5	3	7	2
8	2	5	4	3	7	1	6	9
3	9	7	1	2	6	8	5	4
7	4	9	3	1	8	6	2	5
5	8	2	7	6	4	9	1	3
1	6	3	2	5	9	4	8	7
4	3	6	5	7	1	2	9	8
9	7	8	6	4	2	5	3	1
2	5	1	8	9	3	7	4	6

Puzzle # 83

5	2	3	7	9	1	8	6	4
9	8	7	4	6	5	3	2	1
1	4	6	3	8	2	9	5	7
3	7	4	8	2	6	5	1	9
8	5	1	9	7	4	2	3	6
6	9	2	1	5	3	4	7	8
7	1	8	2	3	9	6	4	5
2	6	9	5	4	7	1	8	3
4	3	5	6	1	8	7	9	2

Puzzle # 84

7	5	3	1	8	4	6	2	9
8	6	1	3	2	9	7	5	4
4	9	2	6	5	7	3	8	1
6	3	8	9	1	5	4	7	2
9	2	4	8	7	6	5	1	3
5	1	7	2	4	3	9	6	8
1	4	6	5	9	8	2	3	7
3	8	9	7	6	2	1	4	5
2	7	5	4	3	1	8	9	6

Puzzle # 85

8	2	4	7	5	9	3	1	6
9	6	5	3	1	2	7	8	4
7	1	3	6	4	8	9	5	2
3	7	8	4	6	1	5	2	9
5	9	1	8	2	7	4	6	3
2	4	6	9	3	5	1	7	8
4	5	2	1	9	6	8	3	7
6	3	7	5	8	4	2	9	1
1	8	9	2	7	3	6	4	5

Puzzle # 86

7	4	5	2	6	8	9	3	1
1	2	8	3	9	7	4	5	6
3	6	9	5	1	4	7	8	2
6	9	3	1	8	2	5	7	4
8	1	2	4	7	5	6	9	3
4	5	7	6	3	9	1	2	8
9	7	4	8	2	6	3	1	5
5	8	1	7	4	3	2	6	9
2	3	6	9	5	1	8	4	7

Puzzle # 87

6	8	3	7	5	4	1	9	2
7	5	9	6	2	1	4	3	8
1	2	4	3	8	9	7	6	5
5	9	1	2	4	3	6	8	7
4	7	2	8	1	6	9	5	3
3	6	8	9	7	5	2	1	4
8	3	7	1	9	2	5	4	6
9	4	6	5	3	7	8	2	1
2	1	5	4	6	8	3	7	9

Puzzle # 88

7	8	5	4	6	9	2	1	3
2	6	3	5	8	1	9	4	7
4	9	1	2	7	3	5	6	8
8	7	9	3	5	4	6	2	1
1	3	4	6	9	2	8	7	5
5	2	6	7	1	8	3	9	4
6	1	2	8	4	5	7	3	9
9	5	7	1	3	6	4	8	2
3	4	8	9	2	7	1	5	6

Puzzle # 89

3	1	5	9	6	8	4	7	2
8	9	7	2	1	4	3	6	5
2	4	6	7	5	3	8	9	1
1	2	9	3	4	5	6	8	7
7	5	8	1	9	6	2	4	3
4	6	3	8	7	2	5	1	9
9	8	4	5	3	7	1	2	6
6	3	1	4	2	9	7	5	8
5	7	2	6	8	1	9	3	4

Puzzle # 90

3	7	1	8	5	4	6	9	2
9	6	8	2	3	1	4	5	7
4	2	5	9	6	7	8	3	1
6	1	2	7	4	9	3	8	5
8	3	7	5	2	6	1	4	9
5	9	4	3	1	8	2	7	6
1	8	3	6	9	5	7	2	4
7	5	6	4	8	2	9	1	3
2	4	9	1	7	3	5	6	8

Puzzle # 91

1	3	2	7	5	8	4	6	9
6	4	7	2	3	9	8	5	1
8	9	5	1	6	4	3	2	7
5	8	6	9	2	7	1	4	3
9	2	4	6	1	3	5	7	8
7	1	3	4	8	5	6	9	2
4	5	8	3	9	2	7	1	6
2	7	1	8	4	6	9	3	5
3	6	9	5	7	1	2	8	4

Puzzle # 92

2	8	5	7	6	1	3	9	4
4	1	3	8	2	9	6	5	7
7	9	6	5	3	4	8	2	1
6	4	2	1	5	3	7	8	9
9	5	8	2	4	7	1	3	6
3	7	1	9	8	6	5	4	2
8	6	4	3	7	2	9	1	5
1	3	7	4	9	5	2	6	8
5	2	9	6	1	8	4	7	3

Puzzle # 93

7	8	9	6	2	3	4	1	5
5	1	3	4	7	8	6	9	2
4	2	6	1	5	9	7	3	8
3	7	4	5	8	2	9	6	1
8	5	1	9	3	6	2	4	7
6	9	2	7	1	4	8	5	3
1	4	7	8	6	5	3	2	9
2	6	5	3	9	7	1	8	4
9	3	8	2	4	1	5	7	6

Puzzle # 94

5	1	7	2	3	4	6	8	9
4	8	2	9	6	1	5	7	3
6	9	3	7	8	5	2	1	4
7	4	9	5	2	3	1	6	8
1	3	6	4	7	8	9	2	5
8	2	5	6	1	9	3	4	7
9	5	8	1	4	2	7	3	6
2	6	4	3	9	7	8	5	1
3	7	1	8	5	6	4	9	2

Puzzle # 95

2	9	1	5	4	3	8	6	7
4	8	6	1	2	7	9	3	5
7	3	5	9	8	6	1	4	2
3	4	9	7	1	8	5	2	6
5	6	8	2	3	9	4	7	1
1	7	2	6	5	4	3	9	8
9	1	4	8	6	2	7	5	3
6	5	7	3	9	1	2	8	4
8	2	3	4	7	5	6	1	9

Puzzle # 96

2	8	6	4	5	1	7	9	3
9	1	3	6	2	7	5	8	4
5	7	4	3	9	8	2	6	1
8	9	5	2	6	4	3	1	7
7	6	2	1	3	9	4	5	8
4	3	1	7	8	5	6	2	9
6	4	9	8	7	2	1	3	5
1	2	8	5	4	3	9	7	6
3	5	7	9	1	6	8	4	2

Puzzle # 97

3	7	8	9	2	5	1	4	6
2	1	5	6	4	3	9	8	7
4	6	9	7	8	1	5	2	3
5	8	6	3	7	9	2	1	4
1	3	4	2	5	8	7	6	9
7	9	2	1	6	4	3	5	8
6	2	1	4	9	7	8	3	5
8	4	7	5	3	2	6	9	1
9	5	3	8	1	6	4	7	2

Puzzle # 98

3	1	5	8	6	4	7	2	9
6	7	9	3	2	1	4	5	8
8	4	2	7	5	9	3	6	1
1	6	3	5	8	7	9	4	2
5	8	4	9	3	2	1	7	6
9	2	7	1	4	6	5	8	3
2	9	6	4	7	3	8	1	5
7	3	8	6	1	5	2	9	4
4	5	1	2	9	8	6	3	7

Puzzle # 99

5	3	1	6	4	8	9	7	2
7	4	9	2	5	1	8	6	3
8	6	2	9	7	3	1	4	5
2	5	8	4	3	7	6	9	1
3	1	7	8	9	6	2	5	4
6	9	4	5	1	2	3	8	7
1	8	3	7	6	4	5	2	9
4	2	5	3	8	9	7	1	6
9	7	6	1	2	5	4	3	8

Puzzle # 100

5	2	3	9	4	6	8	1	7
7	1	9	3	5	8	2	4	6
6	8	4	2	1	7	3	5	9
3	9	1	6	2	5	7	8	4
2	5	7	1	8	4	6	9	3
4	6	8	7	3	9	5	2	1
1	3	6	8	9	2	4	7	5
9	4	2	5	7	3	1	6	8
8	7	5	4	6	1	9	3	2

Manufactured by Amazon.ca
Bolton, ON

18983900R00072